0
zero
零
líng

10
ten
十
shí

20
twenty
二十
èr shí

30
thirty
三十
sān shí

40

forty

四十

sì shí

50

fifty

五十

wǔ shí

60

sixty

六十

liù shí

70

seventy

七十

qī shí

80
eighty
八十
bā shí

90
ninety
九十
jiǔ shí

100
one hundred
一百
yì bǎi

1000
one thousand
一千
yī qiān

cube
立方体
lì fāng tǐ

block
积木
jī mù

ice cube
冰块
bīng kuài

caramel
焦糖
jiāo táng

sugar

糖

táng

dice

骰子

tóu zi

gift box

礼物盒

lǐ wù hé

cardboard box

纸板箱

zhǐ bǎn xiāng

sphere
球体
qiú tǐ

ice cream scoop
冰淇淋勺
bīng qí lín sháo

pearl
珍珠
zhēn zhū

bubble
泡泡
pào pào

marbles

弹珠

dàn zhū

planet

行星

xíng xīng

snowball

雪球

xuě qiú

tennis ball

网球

wǎng qiú

cylinder

圆柱形

yuán zhù xíng

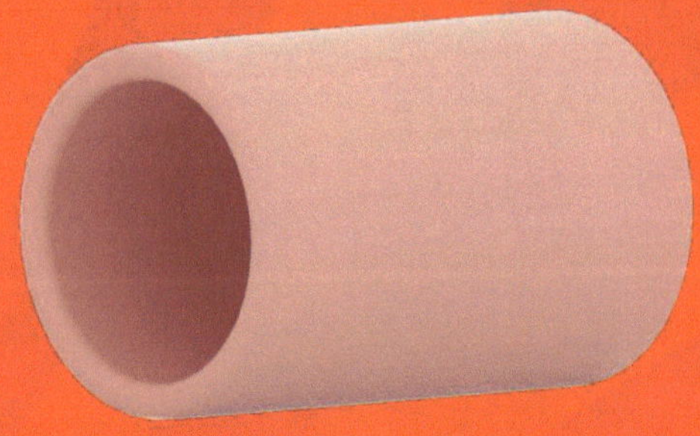

tube

管子

guǎn zǐ

batteries

电池

diàn chí

thread spool

线轴

xiàn zhóu

cinnamon

肉桂

ròu guì

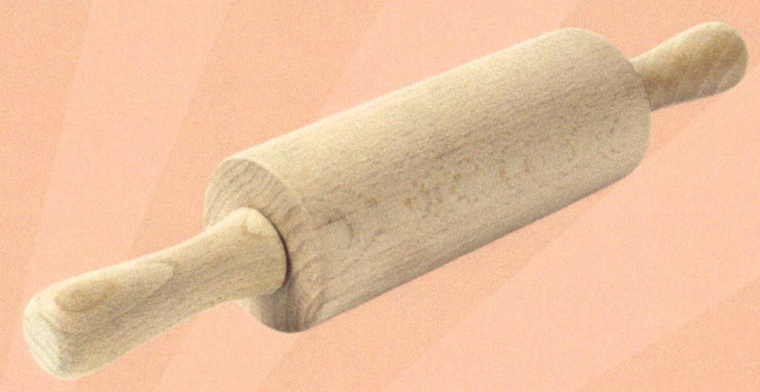

rolling pin

擀面杖

gǎn miàn zhàng

sausage

香肠

xiāng cháng

hay bale

草垛

cǎo duǒ

cone

圆锥

yuán zhuī

road cone

交通锥

jiāo tōng zhuī

ice cream cone

冰淇淋蛋筒

bīng qí lín dàn tǒng

witch hat

巫师帽

wū shī mào

dungeon

地牢

dì láo

fir tree

冷杉

lěng shān

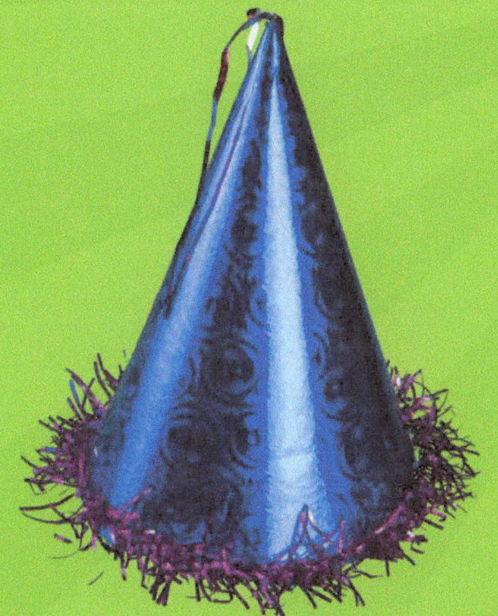

party hat

派对帽

pài duì mào

snail

蜗牛

wō niú

blackberry

黑莓

hēi méi

currant

醋栗

cù lì

clementine

小柑橘

xiǎo gān jú

durian

榴莲

liú lián

dragon fruit

火龙果

huǒ lóng guǒ

jackfruit

菠萝蜜

bō luó mì

star fruit

杨桃

yáng táo

asparagus

芦笋

lú sǔn

radish

小萝卜

xiǎo luó bo

red bean

红豆

hóng dòu

turnip

芜菁

wú jīng

cassava

木薯

mù shǔ

sweet potato

红薯

hóng shǔ

chickpeas

鹰嘴豆

yīng zuǐ dòu

eagle

老鹰

lǎo yīng

bat

蝙蝠

biān fú

beaver

河狸

hé lí

flamingo

火烈鸟

huǒ liè niǎo

raven

大乌鸦

dà wū yā

blackbird

乌鸫

wū dōng

blue tit

蓝山雀

lán shān què

magpie

喜鹊

xǐ què

swallow bird

燕子

yàn zi

lark

云雀

yún què

parakeet

长尾鹦鹉

cháng wěi yīng wǔ

woodpecker

啄木鸟

zhuó mù niǎo

peacock

孔雀

kǒng què

parrot

鹦鹉

yīng wǔ

toucan

巨嘴鸟

jù zuǐ niǎo

stork

鹳

guàn

coral

珊瑚

shān hú

sea anemone

海葵

hǎi kuí

sea urchin

海胆

hǎi dǎn

seahorse

海马

hǎi mǎ

clownfish

小丑鱼

xiǎo chǒu yú

goldfish

金鱼

jīn yú

crab

螃蟹

páng xiè

hermit crab

寄居蟹

jì jū xiè

dolphin

海豚

hǎi tún

narwhal

独角鲸

dú jiǎo jīng

octopus

章鱼

zhāng yú

squid

鱿鱼

yóu yú

whale shark

鲸鲨

jīng shā

orca

虎鲸

hǔ jīng

blue whale

蓝鲸

lán jīng

beluga whale

白鲸

bái jīng

hammerhead shark

锤头鲨

chuí tóu shā

white shark

大白鲨

dà bái shā

lemon shark

柠檬鲨

níng méng shā

tiger shark

虎鲨

hǔ shā

grasshopper

蚱蜢

zhà měng

caterpillar

毛虫

máo chóng

scorpion

蝎子

xiē zi

lizard

蜥蜴

xī yì

dinosaurs

恐龙

kǒng lóng

black hair

黑发

hēi fā

ginger hair

红发

hóng fā

brown hair

棕色头发

zōng sè tóu fà

blond hair

金发

jīn fà

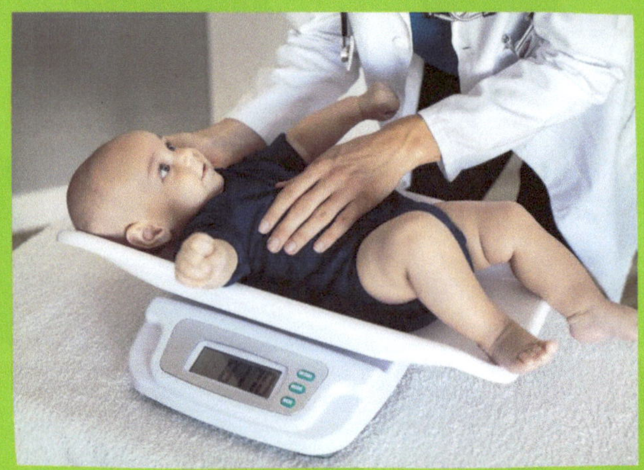

scale
体重秤
tǐ zhòng chèng

hospital
医院
yī yuàn

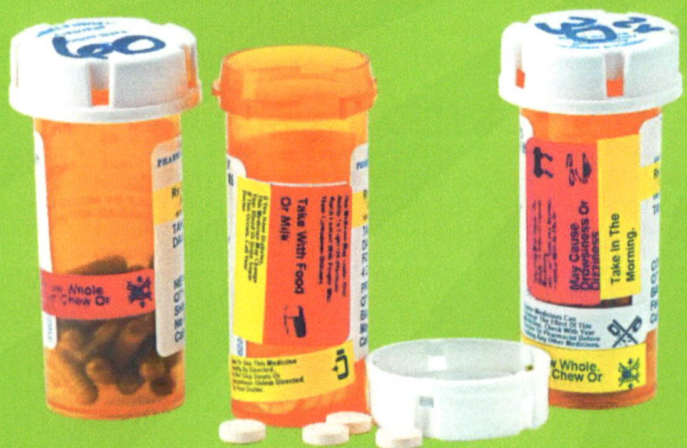

medicine
药物
yào wù

thermometer
体温计
tǐ wēn jì

bandage

绷带

bēng dài

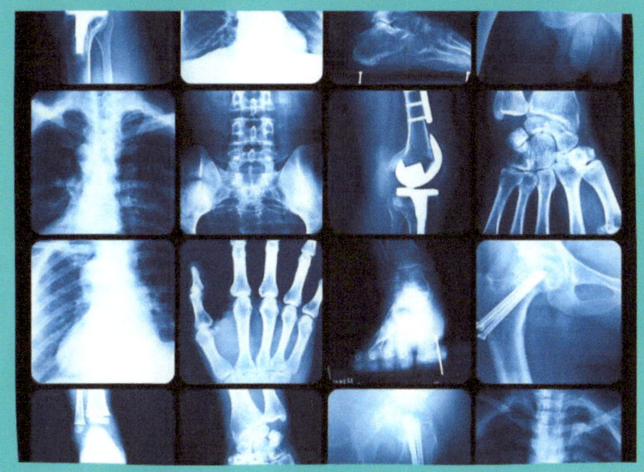

x-ray

X光影像

X guāng yǐng xiàng

doctor

医生

yī shēng

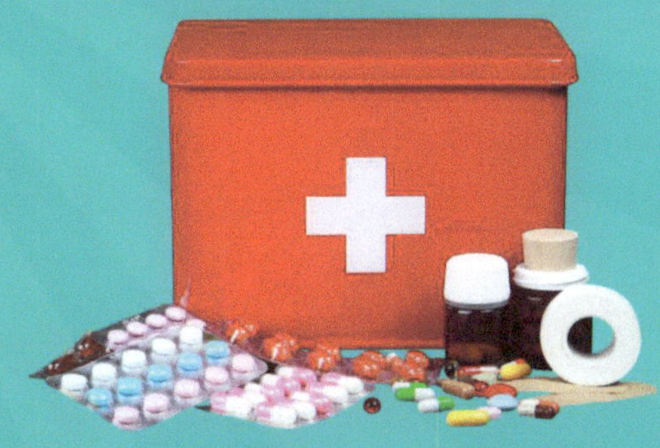

first aid kit

急救箱

jí jiù xiāng

play

玩

wán

draw

画

huà

count

数

shù

write

写

xiě

dancing

跳舞

tiào wǔ

swimming

游泳

yóu yǒng

skiing

滑雪

huá xuě

basketball

篮球

lán qiú

tennis

网球

wǎng qiú

ping pong

乒乓球

pīng pāng qiú

soccer

足球

zú qiú

horse riding

骑马

qí mǎ

ice hockey

冰球

bīng qiú

judo

柔道

róu dào

boxing

拳击

quán jī

running

跑步

pǎo bù

baseball

棒 球

bàng qiú

cricket

板 球

bǎn qiú

rugby

橄 榄 球

gǎn lǎn qiú

volleyball

排 球

pái qiú

maracas

沙槌

shā chuí

tambourine

铃鼓

líng gǔ

xylophone

木琴

mù qín

violin
小提琴
xiǎo tí qín

piano
钢琴
gāng qín

guitar
吉他
jí tā

cello
大提琴
dà tí qín

harp

竖琴

shù qín

drum

鼓

gǔ

djembe

吉贝鼓

jí bèi gǔ

drum kit

架子鼓

jià zi gǔ

trumpet

小号

xiǎo hào

horn

圆号

yuán hào

saxophone

萨克斯

sà kè sī

flute

长笛

cháng dí

headphone

耳机

ěr jī

sing

唱歌

chàng gē

sheet music

乐谱

yuè pǔ

microphone

麦克风

mài kè fēng